D pour Diamant

Imprimé et relié au Amérique du Nord
Copyright ©2022 by Keisha Cuffie

Tous droits réservés. Aucune partie de cette publication ne peut être reproduite, stockée dans un système d'extraction ni transmise sous quelque forme ou par quelque moyen que ce soit – électronique, mécanique, photocopie, enregistrement ou autre – sans l'autorisation préalable de l'auteur, à l'exception de brefs passages rédigés par un critique dans un journal, un magazine ou en ligne. Toute action susmentionnée constitue une infraction à la législation sur le droit d'auteur.

ISBNS: 978-1-7780489-2-0, 978-1-7780489-5-1 (coverture relié), 978-1-7780489-3-7 (livre électronique).
1ère édition: Février 2022

Écrit et conçu par: Keisha Cuffie
Traduit de l'anglais par: Zahra Tavassoli Zea
Illustré par: Hameo Pham

"À tous mes petits Diamants éblouissants: vous êtes les raisons pourquoi je me battrai toujours pour l'égalité dans ce monde."

D POUR DIAMANT

T'a-t-on déjà dit que tu étais comme une étoile filante avançant dans le ciel nocturne ? Chacune d'entre elles est si rare et si unique.

Laisse-moi maintenant te confier un secret, et promets-moi de ne jamais l'oublier...

Savais-tu qu'à l'intérieur de ce vaste univers, il n'y a aucune autre personne comme toi?

Oui... Toi, rien que toi,
est l'être le plus extraordinaire,
le plus fantastique au monde!

Les histoires que tu racontes illuminent la terre tout en révélant ton génie.

Les signes d'affection et de tendresse que tu nous prodigues témoignent de ta générosité.

Le temps que tu dédies à te soucier des autres est la marque d'une grande bonté.

Ce sourire qui illumine ton visage et répand tant de joie autour de toi ne fait qu'accroître ta beauté.

Tes fous rires, déclenchés par les chatouilles, sont des cris de bonheur.

Ta capacité à te relever, à chaque fois que tu tombes, est une belle démonstration de force.

Et malgré les obstacles, tu continues à persévérer, car tes aptitudes sont extraordinaires.

Ton désir de te dépasser, pour devenir la meilleure version de toi-même, est le reflet d'une volonté de fer.

Tu sais, après tout, qu'il est normal d'éprouver tout un mélange d'émotions car ton intelligence est sans pareille.

Ta voix et tes opinions comptent, et elles font de toi une personne importante.

Alors, est-ce que tu comprends maintenant pourquoi D est Pour Diamant ?

Parce que TU es ce diamant resplendissant qui n'en finit pas de nous éblouir.

TOI, rien que toi, est le plus grand trésor de l'univers!

À propos l'autrice

En tant que spécialiste de la petite enfance, Mme Keisha a vu peu de livres diversifiés et inclusifs pour enfants écrits par des auteurs canadiens dans les salles de classe, les bibliothèques et les milieux de la petite enfance. Dans le but de changer cela, elle a écrit «D pour Diamant» pour mettre en valeur la diversité, l'inclusion et l'autonomisation tout en offrant aux enfants des livres contenant des affirmations positives. Pourquoi? Parce que la représentation de tous et toutes compte!

En tant que personne passionnée par le partage de l'histoire des Noirs canadiens, sous le nom de plume CurlyKeish, sa devise est: "L'éducation n'est complète que lorsqu'elle comprend toutes les expériences partagées de nos histoires communes."

D pour Diamant est le premier d'une série de livres sur l'autonomisation écrits par cette autrice canadienne prometteuse.

www.ingramcontent.com/pod-product-compliance
Lightning Source LLC
Chambersburg PA
CBHW040122120526

44589CB00029B/49